나이에 대한 도도하고 발칙한 상상
나이 들수록 매력적인 여자
나이에 대한 발칙한 상상

Age is just a number.
It's totally irrelevant unless,
of course, you happen to be a bottle of wine.

나이는 숫자에 불과해.
와인도 아닌데…
몇 년산인지가 중요해? 상관없어.

조안 콜린스(1933 ～ 현재) 영국 여배우, 에스더와왕과 플린스톤 출연

I'm like old wine.
They don't bring me out very often,
but I'm well preserved.

난 오래된 와인과 같아.
아무 때나 꺼내 놓을 수 없는 특별한 와인.
최고의 상태로 원숙한 맛을 간직하고 있거든.

로즈 피츠제랄드 케네디(1890 ～ 1995) 존 F 케네디, 로버트 케네디의 어머니

요리할 때 와인을 곁들이면 얼마나 환상적인 줄 알아?

가끔 음식 넣는 걸 까먹기도 할 정도라니까.

I love cooking with wine. Occasionally I add food.

I'm not sixty, 'I'm sexty'…

나는 육십살이 아니야.
나는 육감적이지.

돌리 파튼(1946 ~ 현재) 가수, 영화배우

Sex appeal is 50 per cent what you've got and
50 per cent what people think you've got.

섹시하게 보이는 이유는 말이지…
절반 정도는 실제로 그 사람이 가진 것이 맞아.
하지만 나머지 절반은 그 사람이 가졌을 것이라고
상상하고 기대하게 만드는 거야.

소피아 로렌(1934 ~ 현재) 영화배우

봉춤을 한 번 춰바!

혹시 또 알아? 그 남자와 다시 불꽃이 튈지?

Put a sparkle into your relationship with a little pole-vaulting.

If they don't have chocolate in heaven I'm not going.

만약에 천국에 초콜릿이 없다면…
거기 갈 필요가 있을까?

로잔느 바(1952 ~ 현재) 영화배우

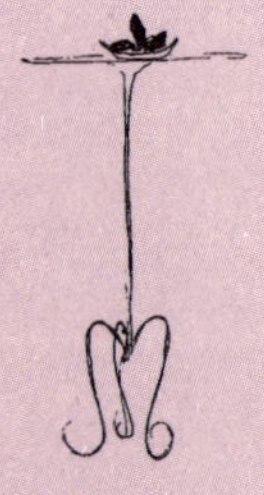

초콜릿은 달콤할수록,

커피는 풍부하고 그윽할수록,

그리고 남자는… 돈이 많을수록 좋은 게 아닐까?

Chocolate, coffee and men—some things are

so much better rich.

I think your whole life shows in your face,
and you should be proud of that.

얼굴에는 살아온 삶이 고스란히 나타나 있거든,
그 얼굴을 자랑스러워 해야 할 이유지.

로렌 바콜(1924 ~ 현재) 영화배우

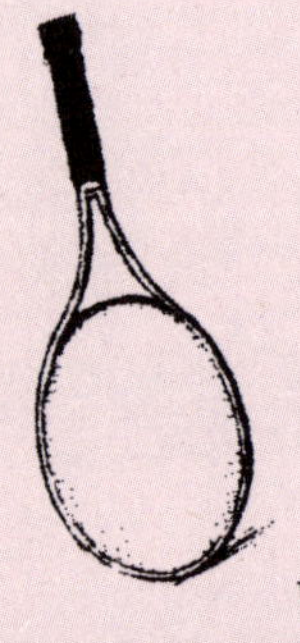

Good cheekbones are the brassiere of old age.

멋진 광대뼈가 있다는 건
마치 나이를 받쳐주는 기능성 브라를 한 것과 같아.

바바라 드 포르타고

나 원 참 기가 막혀서!

그 많던 눈썹들이 다 어디 갔나 했더니,

내 코 밑에서 자라고 있었네!

It's amazing how many of my stray eyebrows
— are now stuck on my chin!

It's true, some wines improve with age.
But only if the grapes were good in the first place.

어떤 와인들은 시간이 흐를수록 깊은 맛이 더해져.
하지만 그 와인들은 처음부터
끝내주게 좋은 포도로 만들어졌단 말이지.

아비가일 벤 브런(1918 ~ 미상) 작가, 칼럼니스트

Wine is a living liquid containing no preservatives.

와인을 방부제가 가득찬 다른 음료와 비교하지는 마!
얘들은 살아 숨쉬고 있거든…

줄리아 차일드(1912 ~ 2004) 미국 요리전문가

이제 나이 같은 건 먹지 말자.

그냥 진하고 풍부해 지면 되는 거야.

Let's not age, Let's just marinate.

Old age is an excellent time for outrage.
My goal is to say or do at least one outrageous thing
every week.

나이 들어서 좋은 건, 하고 싶은 말을 마음껏 할 수 있단 거지.
난 적어도 일주일에 한 번은 잘못된 것들에 대해
'지적질'할 꺼야.

메기 쿤(1905 ~ 1995) 미국 사회활동가

The older one grows, the more one likes indecency.

나이 먹을 수록 야한 게 좋아지네…
어쩌지?

버지니아 울프(1882 ~ 1941) 영국 모더니즘 작가, 평론가

다들 우리 나이 정도 되면 원숙해지고 지혜로우며,
상당한 분별력을 가졌을 거라고 기대하잖아…
그런 환상은 일찌감치 버리는 게 건강에 좋을걸?

At your age, people expect you to be mature,
wise and sensible… disillusion them.

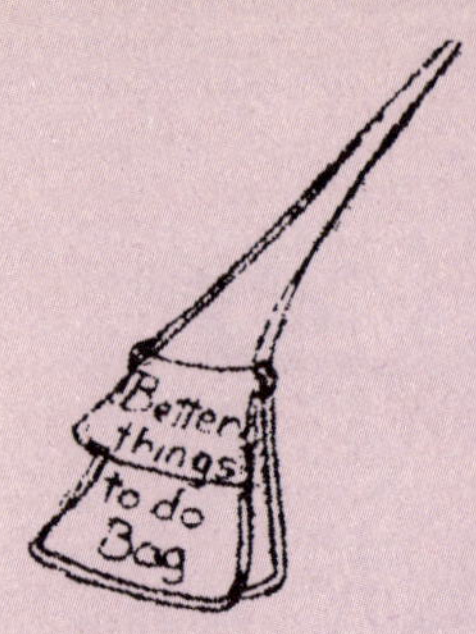

When Sears comes out with a riding vacuum cleaner,
then I'll clean the house.

청소?
나 보고 그 무거운 청소기를 끌고 다니라구?
타고 다니는 청소기가 나오면 한 번 생각해 볼께.

로잔느 배(1952 ~ 현재) 미국 영화배우

집안일??

그 까짓 거, 대충 한번 훑어보면 되는거지.

Housework? Just sweep the room with a glance.

Beautiful young people are accidents of nature,
but beautiful old people are works of art.

청춘은 그 자체만으로도 아름다워.
하지만 아름다운 노년은 쉽지 않지.
마치 예술 작품과 같거든.

엘리노어 루즈벨트(1884 ~ 1862) 제 32대 미국 대통령 프랭클린 루즈벨트의 부인

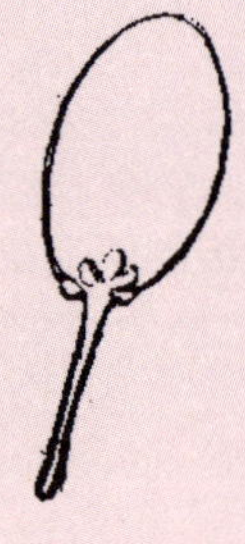

If you survive long enough, you're revered–
rather like an old building.

오랜 세월을 살았다는 것 자체만으로도
아주 오래된 건물처럼 존경받을 만한 것이지.

캐서린 헵번 (1907 ~ 2003) 미국배우.
초대받지 않은 손님 출연, 아카데미 여우주연상 4번 수상

모든 여자는 45세가 지나면 진정한 여신이 되거든.
매일 소중하게 떠 받들어져야만 살 수 있기 때문이지.

All women over 45 are really goddesses
—and should be worshipped daily.

I got my figure back after giving birth.
Sad, I'd hoped to get somebody else's.

드디어 출산 전 몸매를 되찾았어!
근데,
이효리 처럼은 안됐다는…

캐롤라인 쿠엔틴 (1960 ~ 현재) 영국여배우, 코메디언

We are always the same age inside.

우리 안에는 항상 같은 나이의 내가 존재하는 거야.

거트루드 스타인(1874 ~ 1946) 미국 여류작가, 시인

내 손을 저 아래 발가락에 닿게 만들고 싶다면 말이야.

저어도 바닥에 초콜릿을 뿌려 놓는 정도의 성의는

보여줘야 하는 거 아냐?

If God had meant me to touch my toes
- he would have put chocolates on the floor.

Men don't get cellulite, God might just be a man.

남자에게는 셀룰라이트가 없는 거 알고 있었어?
신은 남자인 게 분명해.

리타 루드너(1953 ~ 현재) 미국 코미디언, 작가, 배우

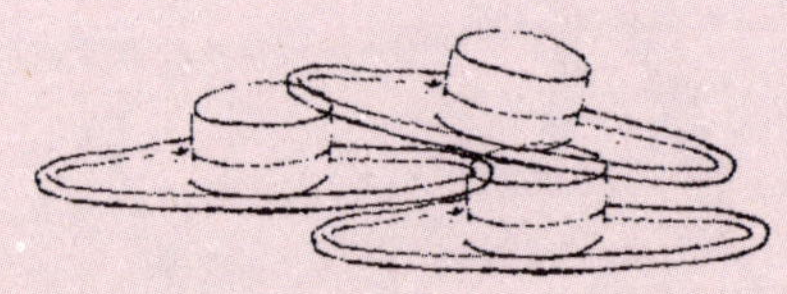

After thirty, a body has a mind of its own.

서른이 지나면서 부터는
몸이 제 멋대로 움직이던데…

베티 미들러(1945 ~ 현재) 영화배우, 가수, 골든 글로브상 수상

다섯 명의 남자 중 한 명은

셀룰라이트가 배터리인줄 알고 있데.

젠장!

One in five men think cellulite is a battery… God bless them.

*I've never met a woman in my life
who would give up lunch for sex.*

내 평생 점심을 포기하면서까지
섹스를 하려고 했던 여자를 본 적은 없어.

어마 밤백(1927 ~ 1996) 미국 유머작가, 칼럼니스트

요리와 사랑은 서로 닮은 것 같아.

한 번도 내가 원하는 대로 되진 않더라고.

Cooking is like love. It should be indulged in with abandon.

If you obey all the rules, you miss all the fun.

모든 규칙을 따른다는 건,
모든 즐거움을 놓친다는 거야.

캐서린 헵번(1907 ~ 2003) 미국 여배우

The lovely thing about being forty is that
you can appreciate twenty-five-year-old men more.

마흔이 돼서 진짜 좋았던 건,
스물다섯 살짜리 영계의 진가를 알게 된 거야.

콜린 맥컬로(1937 ~ 현재) 호주 여작가

천국을 가긴 가야겠는데 말야···

ㄴ년만 더 방탕하게 살아도 괜찮겠지?

Just how naughty can we be··· and still go to heaven?

You can't turn back the clock. But you can wind it up again.

시간을 되돌릴 수는 없지만
시계 태엽을 다시 감을 수는 있단다.

보니 프르덴(1914 ~ 2011) 미국 암벽등반의 선구자

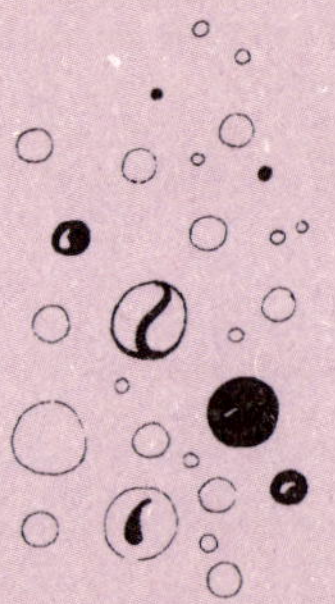

Fitness – if it came in a bottle,
everybody would have a great body.

몸짱 – 사람 몸매도 콜라 병처럼 마구 찍어낼 수 있다면,
누구나 다 모델 하게?

쉐어(1946 ~ 현재) 미국 싱어송라이터, 여배우

스스로 행복해 지는 최고의 방법은

아주 아주 아주··· 격렬하게.

The best way to enjoy yourself is very, very, very··· badly.

When I'm old and grey, I want to have a house by the sea.
And paint. With a lot of wonderful chums, good music and
booze around. And a damn good kitchen to cook in.

나이가 들어 내 머리가 하얗게 될 때쯤이면,
바닷가 가까운 곳에 집을 짓고 살고 싶어. 그림도 그리고,
친한 친구들과 좋아하는 음악을 잔잔히 깔고
분위기 있게 술도 한잔 하는 거지.
그리고 또 하나!
진짜 죽여주게 좋은 부엌에서 요리를 하는 거야.
그 때까지는 부엌 근처에도 안갈 꺼거든!

아바 가든(1922 ~ 1990) 미국여배우, 천지창조, 그날이 오면, 판도라 등 출연

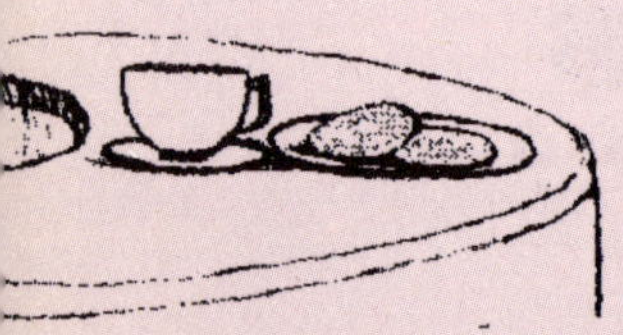

행복할 때 행복해서 먹고,
슬플 때는 슬퍼서 먹잖아…
도대체 안 먹을 때는 언제지?

When we are happy, we eat, when we are sad, we eat…
when exactly don't we eat?

Our ability to delude ourselves
may be an important survival tool.

남 보다는 나 자신을 속일 수 있어야만
잘 살 수 있는 것인지도 몰라.

제인 와그너(1935 ~ 현재) 극작가, 감독, 프로듀서

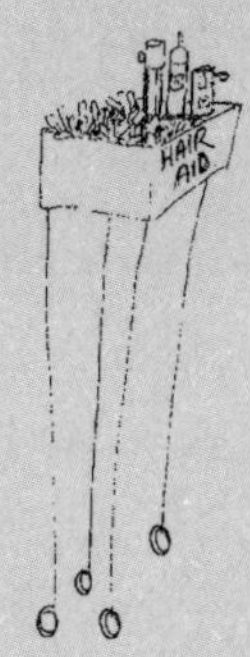

Time may be a great healer, but it's a lousy beautician.

시간이 모든 걸 치료해줄 지는 모르지만,
미용사로서는 꽝이야!
시간이 지날 수록 머리 손질하기는 점점 더 힘들어지거든.

작자불명

흰머리? 넌 흰머리라고 부르니?
스트레스 때문에 생긴 새치야.
생각하기 나름이라니까!

Grey? You call it grey? It's stress highlights
—if you don't mind!

*I have everything I had 20 years ago,
only it's all a little bit lower.*

난 20년 전과 똑같아. 단지 조금 늘어진 것 뿐이라고.

집시 로즈 리(1914 ～ 1970) 최초의 벌레스크(스트립쇼에 우아함과 멋을 불어넣는 통속적 희가극) 예술가

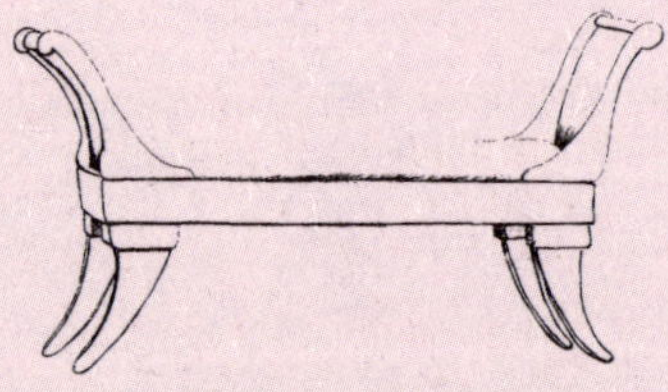

Time is a dressmaker specialising in alterations.

시간은 너를 변화시켜 주고 있는 특별한 재단사에 불과해.

페이스 볼드윈(1893 ～ 1978) 미국 소설가. 로맨스 소설

어? 거울 속에 왜 엄마가 있지??

Mirror, mirror on the wall··· I am my mother after all.

I do wish I could tell you my age but it's impossible.
It keeps changing all the time.

진짜 내 나이를 알려주고 싶지만…
나도 잘 몰라.
지금도 계속 변하고 있거든.

그리어 가슨(1904 ~ 1996) 미국여배우, 미니버 부인(1942) 출연

Like many women my age, I am 28 years old.

수많은 내 또래들과 같아.
나는 항상 28살이야.

메리 슈미츠(1953 ~ 현재) 미국신문 시카고 트리뷴 칼럼니스트

우리 영감은 혼자 늙어가고 있어.

지난 수년 동안 내 생일을 한 번도 안 챙겨줬거든!

My husband is quite used to growing old by himself.
I haven't had a birthday for years!

Seize the moment. Remember all those women on the Titanic
who waved off the dessert cart.

순간의 즐거움을 놓치지 마. 혹시 영화 타이타닉 봤어?
거기 디저트 안 먹고 죽은 여자들이 부지기수야.
하늘에서 땅을 치고 후회할걸?

어마 밤백(1927 ~ 1996) 미국 유머작가, 칼럼니스트

My advice if you insist on slimming:
eat as much as you like - just don't swallow it.

어떻게 하면 날씬해지는 지 알려줄까?
먹고 싶은 만큼 실컷 먹되…
삼키지만 마!

해리 세콤베(1921 ~ 2001) 가수, 배우, 코메디언

먹고 싶은데도 꾹꾹 참는 건 정말 힘들어.

근데, 잊잖아···

그 보다 더 힘든 건 다이어트를 때려 치는 것이더라고.

It's taken a lot of willpower—
but I've finally kicked the urge to diet.

There comes a time in every woman's life
when the only thing that helps is a glass of champagne.

여자에게는 말이야.
한 잔의 샴페인만이 도움이 되는 때가 있어.
그럴 땐 남자도 필요없지.

베티 데이비스(1908 ~ 1989 미국 배우, 편지, 위대한 거짓말 등 출연

Champagne is the only wine that
leaves a woman beautiful after drinking it.

샴페인은 말이지.
마신 후에도 여자를 흐트러짐 없이
아름다워 보이게 만드는 유일한 와인이야.

퐁파두르 후작부인(1721 ~ 1764) 프랑스 루이15세의 애첩

내가 얼마나 많은 일을 동시에 하고 있는지 알아?
파티에 가서 웃고, 얘기도 하고, 음식도 먹고,
심지어는 약간의 술까지 마신다니까!!

I'm a multi-tasker. I go to parties, I smile, I talk,
I enjoy great food and I have little drinkies.

I worry about scientists discovering that
lettuce has been fattening all along.

만약에 학자들이
'상추를 먹어도 살이 찐다는 사실을 밝혀냈다!'고 하면 어쩌지?

어마 밤백(1927 ~ 1996) 미국 유머작가, 칼럼니스트

왜 맘껏 먹어도 되는 것들은 말이야,
맛이 꺼다 이 모양이지?

Why is it, you can always eat as much as you want—
of things you don't like?

As long as a woman's flesh is clean and healthy
what does it matter what shape she is?

여자 몸이 깨끗하고 건강하면 됐지!
뭘 더 바래?!

이안 플레밍(1908 ~ 1964) 영국 작가이자 기자, 제임스본드 시리즈 저자

I would rather be round and jolly than thin and cross.

삐쩍 말라서 성질 더러울 바엔
통통해도 유쾌한 게 더 낫지.
안 그래?

앤 위데콤브(1947 ~ 현재) 영국 정치가

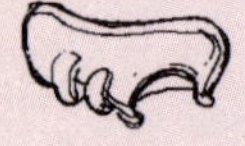

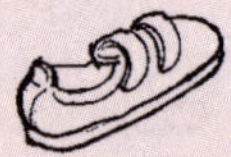

오늘 아침에 보니까… 몸무게가 조금 늘었더라고.

화장을 너무 두껍게 했나?

I put on another pound this morning.

It must be my new deodorant.

Birthdays are nature's way of telling us to eat more cake.

생일은 말이지…
자연이 우리에게
케이크를 더 먹어도 된다고 속삭이는 날이야.

작자불명

Between two evils, I always pick the one I never tried before.

만약에 두 가지 나쁜 일 중 한 가지를 선택해야 한다고 하면,
무조건 안 해본 걸 골라야겠어.

메이 웨스트(1892 ~ 1980) 미국 연극, 영화배우

내 몸 안의 수분이 얼마나 있느냐가 궁금한 게 아니야.

케익을 얼마나 먹어도 되는 지 말해 줘!

It's not fluid retention I'm afraid. It's cake retention.

The best way to get a husband to do anything is
to suggest he is too old to do it.

게으름 피는 남편에게 일을 좀 시키고 싶으면 이렇게 말해봐.
"이거 하기엔 너무 늙었지?"

펠리시티 파커

We learn from experience that men never learn from experience.

남자들은 경험을 통해서는 아무것도 배우지 못한다는 걸
우리는 경험을 통해 배웠지.

조지 버나드 쇼(1856 ~ 1950) 아일랜드 극작가, 평론가, 소설가

누가 살 안 찌는 초콜릿 좀 발명해 주면 안될까?

You would think somebody somewhere
could invent a chocolate···
with the calories of celery!

One of the best parts of growing older?
You can flirt all you like since you've become harmless.

나이 드니까 진짜 끝내 주는 게 뭔지 알아?
마음에 드는 사람에게 망설이지 않고 삐꾸기를 날릴 수 있다는
거야. 손해 볼 거 없잖아?

리즈 스미스(1921 ~ 현재) 영국 영화배우. 영화 '레오 더 라스트' 등 출연

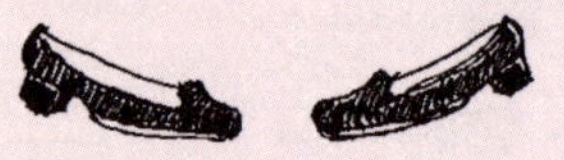

If I'm feeling really wild, I don't floss before bedtime.

아무 것도 하기 싫을 땐,
이에 고춧가루가 끼어있거나 말거나
그냥 침대로 가버려.

쥬디스 비오르스트(1931 ~ 현재) 미국 작가. 신문 저널리스트

또 사고 쳤네

I've sinned again.

Housework can't kill you, but why take a chance?

집안일에 시달려 죽었단 사람 얘긴 들어본 적이 없는데 말야…
설마 너 도전해 보고 싶은 거니?

필리스 딜러(1917 ~ 현재) 미국 배우, 코미디언

응. 맞아! 난 언제든지 써먹을 수 있는

비장의 카드가 몇 개 있어.

남들은 내가 아파서 청소를 못하는 줄 알고 있는 경우가 많지.

Oh yes, I always keep a few cards around.
People think I've been ill, so I can't clean the house.

As you get older, the pickings get slimmer, but the people don't.

도대체 나이는 칼로리가 얼마길래
먹을 때마다 살이 찌는 거지??

캐리 피셔(1956 ~ 현재) 영화배우, 미녀삼총사 등 출연

I never worry about diets. The only carrots that
interest me are the number you get in a diamond.

살 찔까 봐 무서워서 김치만 먹진 않아.
내가 관심 있는 배추 잎은 오직 세종대왕이 그려진 것 뿐이라고.
캐럿(당근)이 다이어트에 아주 좋다고? 무슨 소리야~
내가 유일하게 관심 있는 캐럿은
다이아몬드 뿐이야.

메이 웨스트(1893 ~1980) 미국여배우, 섹스심볼, 극작가, 나는 천사가 아니다(1933) 출연

체중계? 거기 올라가라고?

나 기절하는 꼴 보고 싶어?

Scales? I can't get on scales! They make me faint.

Life has got to be lived. That's all there is to it.

인생은 일단 살아봐야 하는 거야.
그게 바로 목적이거든.

엘리노어 루즈벨트(1884 ~ 1862) 제 32대 미국 대통령 프랭클린 루즈벨트의 부인

The age of a woman doesn't mean a thing.
The best tunes are played on the oldest fiddles.

여자에게 나이는 아무 의미 없어.
가장 오래된 바이올린에서 최고의 선율이 흘러 나오는 거 몰라?

랄프 월도 에머슨(1803 ~ 1882) 미국시인. 사상가. 세상의 중심에 너 홀로 서라의 저자

데낄라 마시는 법 알아? 손 등에 소금을 살짝 뿌려서
혀로 핥으면 짭짤한 맛이 입 안에 퍼지거든,
그 맛이 사라지기 전에 바로 화끈하게 원샷!
뜨끈할 만큼 강한 맛이 목구멍까지 감돌면 재빨리 라임을
입에 무는 거야. 강렬하겠지? 이래도 평생 맥주만 마실 거야?

Just take life with a pinch of salt… a slice of lime and
two shots of tequila.

If I had my life to live over again,
I'd make the same mistakes, only sooner.

인생을 다시 한번 살게 된다면…
내가 했던 실수들을 좀 더 빨리 저질러 보고 싶어.

탈루라 뱅크헤드(1902 ~1968) 미국 배우

It's sex, not youth, that's wasted on the young.

섹스…
젊은 것들보다 우리가 더 절실하다고!

자넷 해리스(1915 ~ 현재) 미국교육자, 민권운동가, 작가

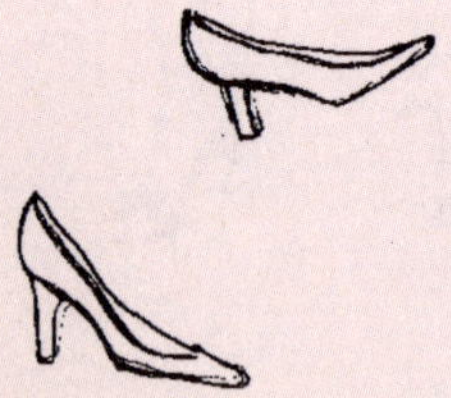

우리 나이에 가장 후회되는 건…

차마 저지르지 못했던 나쁜 짓들 뿐이지.

We only have one regret at our age—
and that's all the sins we didn't commit.

I have bursts of being a lady, but it doesn't last long.

나는 항상 내 자신을 품위 있는 여자라고 생각했었는데…
그렇게 살다가는 미쳐 버리겠더라고.

샐리 윈터스(1920 ~ 2006) 미국 영화배우. 로리타, 여인의 초상 등 출연

I mean what's so fulfilling about
fulfillment anyway?

내 말은,
그렇게 바둥거리며 애를 써서 얻는 게 대체 뭐란 말이지…

모린 리프만(1946 ~ 현재) 영국 배우. 칼럼니스트. 코미디언. 영화 피아니스트 출연

뛰지 좀 마. 술 잔에 얼음 튀잖아

Never go jogging. It makes the ice in your glass jump.

I believe in loyalty; I think when a woman reaches an age
she likes she should stick to it.

나는 충성심이란 게 분명히 있다고 믿어.
여자들은 머물고 싶은 나이가 되면 그 때 충성하거든.

에바 가보르(1919 ~ 1995) 미국배우

No woman should ever be quite accurate about her age.
It looks so calculating.

자신의 실제 나이로 사는 여자는 아무도 없어.
대부분의 여자는 아주 아주 계산적이거든.

오스카 와일드(1854 ~ 1900) 아일랜드 극작가. 소설가. 행복한 왕자 저자

언제나 청춘이기를 원해?

그럼 생일 축하 받을 생각일랑 집어치우고

완전히 모든 걸 속여 버려!

To be an ageless beauty, all you have to do···
is give up birthdays.
And lie about absolutely everything.

Time and trouble will tame an advanced young woman,
but an advanced old woman is uncontrollable
by any earthly force.

젊은 시절엔 많은 문제들과 시간에 얽매어 자유롭지 못하잖아.
하지만 나이가 들면 이 세상 어떤 것도 너를 구속할 수 없어.
얼마나 자유로운데!

도로시 세이어즈(1893 ~ 1957) 소설가. 극작가. 수필가. 시인

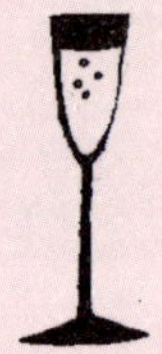

물 좀 그만 마시라니까 그러네.
뱃살이 왜 출렁거리는 줄 알아?
Take my advice and never drink water.
I've seen what it does to the bottom of boats.

My doctor told me to do something that puts me out of breath,
so I've taken up smoking again.

주치의가 하는 말이…
내가 숨을 내쉴 때 힘이 부족하다면서 뭔가 하라는 거야.
그래서 담배를 다시 피기 시작했어.

조 브랜드(1957 ~ 현재) 스텐드 업 코미디언, 배우

I don't plan to grow old gracefully;
I plan to have facelifts until my ears meet.

곱게 늙어가는 계획?
양쪽 귀를 화악~ 당겨서 머리 위로 꽈악~ 묶어 놓는 거지.

리타 루드너(1953 ~ 현재) 미국 코미디언, 작가, 배우

죽도록 연습해야 되는 건 줄 알았어.

젠장~ 그냥 되는 인간들은 도대체 뭐야?

No exercise is impossible,

Hopeless maybe — but not impossible,

You only live once, but if you do it right, once is enough.

인생은 한 번 뿐이라 아쉬워?
괜찮아. 제대로만 산다면 한 번으로도 충분해.

메이 웨스트(1892 ~ 1980) 미국 연극, 영화배우

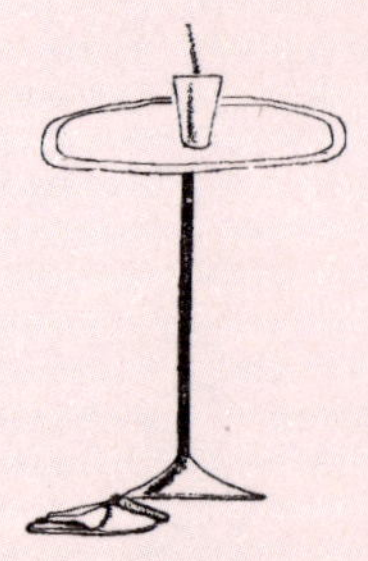

Good judgement comes from experience,
and often experience comes from bad judgement.

훌륭한 판단력은 많은 경험들을 통해서 얻어지지만,
그중 대부분의 경험들은 나쁜 판단을 통해서 얻어진다는 거야.

리타 마에 브라운(1944 ~ 현재) 미국 작가

가만히 생각해 보면 꼭 세월 때문에 늙은 것만은 아닌 듯해.

우리가 주말마다 마셔 댄 술 때문은 아닐까?

On the whole, the years have been kind to us···
it was just the weekends which got us into trouble.

The easiest way to diminish the appearance of wrinkles is
to keep your glasses off when you look in the mirror.

아직도 주름 없앤다고 기를 쓰고 있는 거야?
진짜 쉬운 방법 알려줄까?
거울 볼 때 안경을 벗어! 쉽지?

조안 리버스(1933 ~ 현재) 미국 개그우먼

Please don't retouch my wrinkles.
It took me so long to earn them.

주름을 감추려고만 하지마.
이거 만드는 데 시간 엄청 들었거든.

안나 마냐니(1908 ~ 1973) 이탈리아 여배우, 추억의 장미, 무방비도시, 라 쿠가라차 등 출연

브래지어를 벗어봐.

납작해진 가슴 만큼 얼굴도 뻔뻔해질 거야.

Go without a bra - and pull the wrinkles out of your face.

Old age is no place for sissies.

그냥 될 줄 알았어?
멋진 노년을 위해서는 용기가 필요하다고!

베티 데이비스(1908 ~ 1989) 미국 배우, 편지, 위대한 거짓말 등 출연

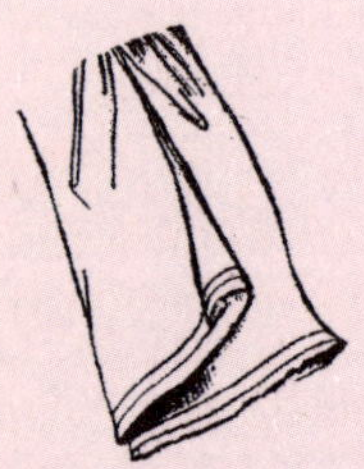

If life throws you a lemon – make lemonade.

'엿' 같은 인생이라고 생각이 들면,
호박 엿을 잔뜩 갖다 먹으면 되지.

조안 콜린스(1933 ~ 현재) 영국 여배우. 에스더와왕, 플린스톤 등 출연

여보~ 만약에 당신이 독감에 걸리면 그게 '죠루' 독감인가?

I hear bird flu is now infecting wild creatures and
tough old birds. How are you feeling?

Life's too short to stuff a mushroom.

네 삶을 잡동사니들로만 꽉꽉 채우려는 거야?
그러기에 인생은 너무 짧다고 생각하지 않니?

셜리 콘란(1932 ~ 현재) 영국 소설가, 저널리스트

*The secret of staying young is to live honestly,
eat slowly and lie about your age.*

젊게 사는 비법? 음… 별로 특별한 거 없는데.,
인생을 정직하고 성실하게 살고, 음식을 먹을 땐 천천히 즐기며 먹어.
아! 가장 중요한 걸 빼 먹을 뻔 했네.
한 십 년 정도 나이를 속이는 거!

루씰 볼(1911 ~ 1989) 미국 코미디언. 영화배우. 모델

난 지금 건강식이 필요한 게 아냐!

방부제가 필요하다고!!

Never eat healthy food…

we so need all the preservatives we can get.

A woman never forgets her age – once she decides what it is.

여자는 몇 살이냐가 중요한 게 아니라
몇 살로 사느냐가 중요한 거야.

스탠리 데이비스(1942 ~ 현재) 노팅햄 약학과 명예교수

나이? 뭐 하려 그딴 걸 속이고 그래?
그냥 당당하게 말해!

Age? Why would we lie about a thing like that?

나이에 대한 도도하고 발칙한 상상
나이 들수록
폼 나는
남자

Age is a question of mind over matter.
If you don't mind, it doesn't matter!

나이란 마음 먹기에 달려있어.
자기 자신만 신경 쓰지 않는다면 별 거 아니라고!

마크 트웨인(1835 ~ 1910) 미국 소설가

Eventually you will reach a point when you
stop lying about your age and start bragging about it.

언젠가 나이가 결코 부끄러운 것이 아니라
훈장처럼 자랑스러워질 때가 올 거야.

윌리암 로저스(1879 ~ 1935) 보더빌 배우

나이 먹을수록 더 현명해지고 점점 더 섹시해진다.
Older, wiser... sexier.

Men are like wine. Some turn to vinegar,
but the best improve with age.

남자는 와인과 같아.
시간이 지날수록 시큼 털털해지거든.
하지만 최고는 시간이 지날수록 더 좋아지지.

시릴 에드윈 밋치슨 조우드(1891 ~ 1953) 영국 철학자

Getting old is a bit like getting drunk;
everyone else looks brilliant…

나이 먹는 거랑 술 마시는 거랑 비슷한 것 같지 않아?
주위 여자들은 죄다 예뻐 보이거든…

윌리암 코넬리(1942 ~ 현재) 스코틀랜드 코미디언, 음악가, 배우

이 맛이 아니다 싶으면…
와인을 넣어, 그럼 만사 오케이!
If in doubt, add more wine

If you resolve to give up smoking, drinking and loving,
you don't actually live longer. It just seems longer.

오래 살려고 담배랑 술도 끊고…
뭐? 여자까지 끊겠다고?
오래까지는 알겠는데, 그게 사는걸까?

클레멘트 프로이드(1924 ~ 2009) 영국 방송인, 작가, 정치인

I want to have a good body,
but not as much as I want dessert.

나도 몸짱이 되고 싶은 마음이야 굴뚝 같지.
하지만 디저트를 포기할 만큼은 아니거든!

제이슨 러브

남들에게 좋은 본보기가 되라고?

끔찍한 본보기가 되는건?

I've decided to give up being a good example;
I'll just be a terrible warning instead.

I used to think I'd like less grey hair. Now I'd like more of it.

예전엔 흰머리가 나는 게 싫었는데,
이젠 흰머리가 빠지는 게 싫어.

리치 버나드(1930 ~ 현재) 호주 크리켓 선수

I knew I was going bald when it was taking me
longer and longer to wash my face.

언제부터 대머리였는지 잘 몰라.
그냥 세수하는 시간이 점점 길어지더라고.

해리 힐(1964 ~ 현재) 영국 코미디언, 작가. Perrier상 수상

마지막 한 올까지 완벽하게 붙여야 진짜 실력인 거야.

It's a huge responsibility, being the ultimate fantasy pin-up.

Don't worry about temptation.
As you grow older, it starts avoiding you.

유혹을 피하려고 애쓸 필요는 없지.
나이가 들면 유혹이 우리를 피해가니까.

윈스턴 처칠 경(1874 ~ 1965) 영국 정치인

Advanced old age is when you sit in a rocking chair and
you can't get it going.

흔들의자에 앉아서도 흔들거리는 게 싫어지면
그게 바로 나이 들었다는 증거야.

엘리아킴 카츠 경제학자 겸 교수

여보~ 나 샤워했어요, 2층에 있는 침대로 오세용~
뭐? 2층에? 힘들어! 내려와!!

You want me to come upstairs and make love to you?
It will have to be one or the other.

My doctor told me to watch my drinking,
so I now do it in front of the mirror.

의사가 몸 상태를 살펴가며 술을 마시라더군.
그래서 요즘은 거울을 보며 먹지.

로드니 댄저필드(1921 ~ 2004) 미국 코미디언, 영화배우

One Martini is all right. Two are too many,
and three are not enough.

술 한 잔은 언제나 좋아.
두 잔째는 조금 망설여 지더라고,
다음 날 출근도 해야 하구 말이지.
세 잔부터는?
없어서 못 마셔?!

제임스 써버(1894 ~ 1961) 미국 작가, 풍자 만화가

그래, 한 잔 하고 다 잊어 버리는 거야.
근데… 내가 뭘 고민하고 있었지?
Alcohol is definitely the answer,
I'm afraid I've forgotten the question.

우리처럼 나이가 들면 말이야.
컴퓨터는 없애는 게 좋아.
그래야 골치 아플 일도 없거든.

에드워드 앤필드(1929 ~ 현재) 영국 TV 및 라디오 진행자, 신문 저널리스트

이봐 젊은이~ 듣자 하니…

인터넷이란 게 아주 좋다던데,

그거 이 디스켓에 복사해 주면 안되겠나?

Now young man.

Can you copy the Internet on a disc for me?

이봐 젊은이~ 듣자 하니…

인터넷이란 게 아주 좋다던데,

What do gardeners do when they retire?

다들 은퇴하면 정원이나 가꾸면 살겠다고 하자나…
그럼 정원사들은 은퇴하면 뭘 하지?

밥 몽크하우스(1928 ~ 2003) 영국 코미디 작가, 배우

Old gardeners don't die. They just throw in the trowel.

정원사는 죽지 않아. 다만 삽을 놓을 뿐이지.

오드리 오스틴, 캐나다 작가

은퇴하고 나서 무엇을 할지 걱정하지 말게나···
장담컨대 자네가 예전엔 보지 못했던 엄청난 크기의 정원이
반드시 있을 걸세.

Now don't worry. I promise not to plan···
a garden bigger than you can look after.

The older you get the more important it is not to act your age.

나는 늙지 않았어.
그러니 나이 값 할 필요도 없지!!

애슐리 브릴리언트(1933 ~ 현재) 영국 작가, 만평

Middle age is when you're old enough to know better
but still young enough to do it.

중년이 되면 대부분 무엇이든 다 안다고 생각하지,
하지만 뭔가를 하기에는 여전히 어리다는 것은 잘 모르더군.

오그덴 내쉬(1902 ~ 1971) 미국 시인, 작가

제대로 사는 게 뭔지 보여 주도록 하지…

숨겨진 또 다른 나를 보여주겠어!!

Today is the day I show the world what living is all about…

I'll wear my jersey inside out!

Just remember, once you're over the hill,
you begin to pick up speed.

지금이 인생의 내리막 길이라고 생각해?
잘 모르나 본데 제대로 된 스피드는 내리막 길에서 나거든!

찰스 먼로 스츨즈(1922 ~ 2000) 미국 작가, 만화가, 음악가

They say the first thing to go when you're old
is your legs or your eyesight.
It isn't true. The first thing to go is parallel parking.

다들 늙으면 다리에 힘도 빠지고 눈도 침침해 진다는 데,
나는 뭐 주차하는 데 조금 오래 걸리는 거 말고는
불편한 거 없다고.

커트 보니것(1922 ~ 2007) 미국 수필가, 소설가

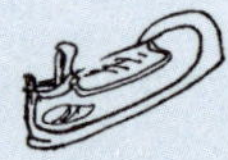

내가 이래 뵈도 어디 하나 빠질 거 없는 남자라고!

흠…

이빨이 좀 빠져서 그렇지…

머리도 좀…

또 빠진게 있나??

To a man who has everything going for him.
Eyes going, teeth going, hearing going…

One of the many things nobody tells you about middle age
is that it's a nice change from being young.

중년의 남성들이 모르는 비밀이 하나 있지.
바로 설익은 젊음으로부터
근사하게 변해간다는 사실이야.

윌리암 패더(1889 ~ 1981) 미국 기자

The best part of the art of living is to know
how to grow old gracefully.

멋있게 나이 드는 법을 깨우친다면
삶의 진정한 지혜를 알게 된 거야.

에릭 하퍼(1902 ~ 1983) 미국 사회심리학, 정치학자

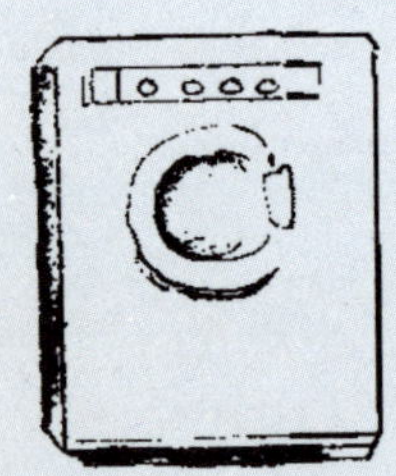

자식 놈들 혼수를 아깝다고 생각하지 말자구…
우리가 없는 것 다 사주고, 우린 몸만 쏙 들어가도 되잖아?
I think our children should have all the things
we didn't have… and then we'll move in with them.

The problem with the world is that everyone is
a few drinks behind.

세상이 이 모양인 것은
사람들이 술을 덜 마시기 때문이야.

험프리 보가트(1899 ~ 1957) 미국 영화배우, 카사블랑카 출연

The best birthdays are all those
that haven't arrived yet.

언제나 최고의 생일은…
이미 지나버린 생일들이 아니라
앞으로 맞이 할 생일들인 거야.

로버트 오벤(1927 ~ 현재) 미국 코미디언

To a man who knows - how to behave himself.

A man has reached middle age when he is
advised to slow down by his doctor rather than the police.

젊을 땐 너무 달린다고 경찰이 머라고 하더니,
이제는 의사가 머라고 하네…

작자미상

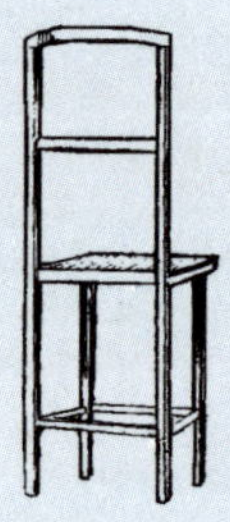

이봐요! 의사선생,

나쁘다는 건 다 그만 뒀는데도 몸은 좋아지질 않으니…

또 무엇을 버려야 되는 거요?

I tell you doctor, I've given up all my bad habits –
and I still don't feel well!

My wife said to me, 'I don't look 50, do I darling?' I said
'Not anymore.'

한 번은 마누라가 묻더군.
"여보 나 50대라고 하면 아무도 믿지 않을꺼야. 그치?"
"어~ 이제 그렇게 보이긴 좀 무리지!"

밥 몽크하우스(1928 ~ 2003) 영국 코미디 작가, 배우

I just tell people I'm as old as my wife.
Then I lie about her age.

난 굳이 나이를 속이지 않아.
그냥 마누라랑 동갑이라고 하지.
마누라 나이? 그걸 속이는 거지.

프레드 멧카프(1899 ~ 현재) 호주 축구선수

우리 부부는 결혼해서 여태껏 살면서 이혼 같은 건
단 한번도 생각해 본 적 없어.
이혼 보단… 살인을…

We have been married for many years and never once
considered divorce… murder yes, divorce no.

That outdoor grilling is a manly pursuit has
long been beyond question.

남자들이 불장난을 좋아하는 건,
영원히 풀리지 않는 수수께끼야.

윌리엄 지스트(1975 ~ 현재) 미국 방송인, 프로듀서, 작가, 칼럼니스트

Red meat is not bad for you.
Now blue-green meat, that's bad for you!

붉은 색 고기는 건강에 안 좋다고?
그럼 조금 태워 먹으면 되나?

토미 스모더스(1937 ~ 현재) 미국 코미디언, 음악가, 작곡가, 배우

남자의 마지막 위대한 도전!

불장난의 최고봉!!

뜨거운 한 여름 밤의 불타는 바비큐!

Man's last great challenge - The Summer Barbecue.

As for me, except for an occasional heart attack,
I feel as young as I ever did.

난 아직도 젊어,
뭐 가끔씩 심장이 쥐어짜듯 아픈 것만 빼면…

로버트 벤플리(1889 ~ 1945) 미국 영화배우, 작가, 평론가

Middle age is the time when a man is always thinking
in a week or two he will feel as good as ever.

한 1~2주 정도 쉬면 평소 컨디션으로
되돌아갈 수 있을 거라고 생각하는
당신이 바로 중년.

돈 마르퀴스(1878 ~ 1937) 미국 소설가, 시인, 칼럼니스트, 극작가

요리할 때 와인을 넣으라고?

이 아까운걸 어디에 넣어…

When a recipe says 'add wine', never ask 'to what?

When a man retires his wife gets twice the husband
but only half the income.

아내들이 정말 남편의 퇴직을 좋아할까?
집에 돈은 안 들어오고 남편만 들어오는데?

후안 안토니오 치치 로드리게스(1935 ~ 현재) 푸에르토리코 프로 골퍼

I don't want to retire,
I'm not that good at crossword puzzles.

난 은퇴가 두려워…
아직 마누라랑 신문 퍼즐을 같이 풀 정도로 친하진 않거든.

노먼 메일러(1923 ~ 2007) 미국 소설가. '나자와 사자' 저자, 플리처상 수상

아직도 눈치 보며 사는 거야?

난 우리 집에서 큰 소리 내며 살아!

세탁기를 씽씽 돌리지, 청소기도 왱왱 돌리고, 설거지까지···

내가 얼마나 시끄러운데···

Of course I run things in our house —

the dishwasher, the vacuum cleaner, the washing machine···

Men chase golf balls when they're too old to chase anything else.

남자들은 더 이상 다른 걸 쫓아다닐 힘이 없어지면
그 때부터 골프 공을 쫓아 다니기 시작하지.

그루초 막스(1890 ~ 1977) 미국 코미디언, 영화배우, 막스 브라더스 출연

골프 채가 혼나고 있네…
오늘 골프 채가 제 역할을 못했거든.

He's punishing his clubs… because they played so badly!

Middle age is when you are not inclined to
exercise anything but caution.

아무 것도 안 하면서
계속해서 조심하라는 말만 하면,
바로 중년이 된 거야.

아더 머레이(1895 ~ 1991) 미국 기업가

To win back my youth… there is nothing I wouldn't do-
except take exercise, get up early,
or be a useful member of the community.

젊음을 되찾기 위해서라면 난 뭐든지 하겠어!
운동만 빼고.
음… 일찍 일어나는 것도.
흠… 꼴보기 싫은 사람 만나러 다는 것도.

오스카 와일드(1854 ~ 1900) 아일랜드 극작가, 소설가, 시인

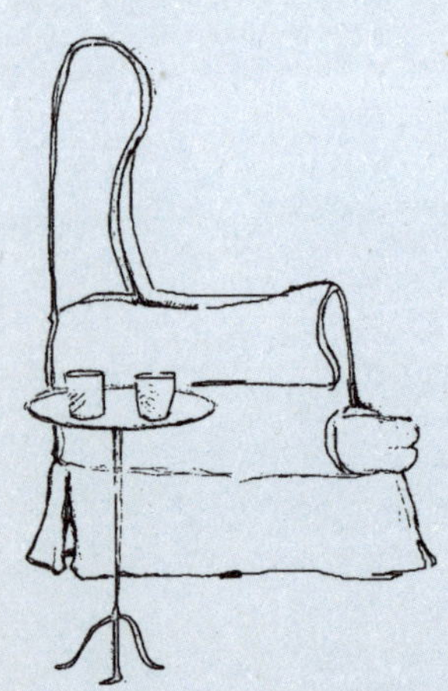

우리도 60년대엔 말이야, 왕창 퍼 마시고,
미친 듯이 흔들다 뻗었었는데 말이지.
이젠 약 챙겨먹고 뒤척이다가 뻗는구만.

Back in the 60s we turned on, tuned in and dropped out.
Now we tune in, turn over and drop off.

위스키는 시간이 지날수록 좋아지고,
나는 시간이 지날수록 위스키가 좋아진다네.

밥 몽크하우스(1928 ~ 2003) 영국 코미디 작가, 배우

술은 오래될수록 좋지만,
여자는 젊을수록 좋은 거 아닌가?

애롤 플린(1909 ~ 1959) 미국 배우

아… 이 술 말인가?

여행 중에 혹시 뱀한테 물리기라도 하면

소독하려고 챙겼네. 근데 자네 혹시…

이 술병보다 좀 작은 뱀 한 마리 구해줄 수 있나?

I take whiskey with me in case of snakebite⋯

and I was just thinking I might buy a small snake⋯

Growing old is compulsory, growing up is optional.

나이를 먹는다고 해서 꼭 어른이 될 필요는 없어.

밥 몽크하우스(1928 ~ 2003) 영국 코미디 작가, 배우

You are only young once,
but you can be immature for a lifetime.

젊은 시절은 한 번 뿐이야.
하지만 평생을 피터팬처럼 살 수는 있지.

존 P. 그리어(1914 ~ 2002) 미국 저널리스트, 고전학자

다들 우리 나이 정도 되면 품위가 있고

스스로 절제할 줄도 알고

침착할 수 있는 지혜도 갖췄을 거라고

기대하는데 말이야···

그냥 확 실망시켜버려.

At your age people expect you to be calm, dignified and sober.

Disappoint them.

I'm getting to an age when I can enjoy the last sport left.
It is called hunting for your spectacles.

내가 최근에 한 운동이 뭔지 알아?
돋보기 찾으러 돌아다닌 거.

에드워드 그레이(1862 ~ 1933) 영국 정치인

When you become senile, you won't know it

혹시 노망이라도 나면 어쩌나 걱정하는 거야?
노망나도 자기는 몰라. 걱정하지마!

빌 코스비(1937 ~ 현재) 미국 코미디언, 배우, 작가, 프로듀서

나는 요즘 걷는 게 싫어서 맨날 차를 갖고 다니거든.
그런데 오히려 더 많이 걷게 돼. 왜냐고?
차는 찾아야 할 것 아냐! 주차한 곳이 기억 안나.

I've just been for a long walk in the countryside. I'm not
much of a walker - but I can't remember where I left my car.

Boys will be boys and so will a lot of middle-aged men.

중년 남성은 그냥 50살 먹은 남자아이일 뿐이야.

킨 허바드(1868 ~ 1930) 미국 만화가, 저널리스트

Experience is a comb life gives you after you lose your hair.

경험이란 너의 머리가 다 빠진 후에 선물받는 빗과 같아.

쥬디스 스턴

아무리 교양 있어 보이는 사람도
속으로는 항상 이렇게 외치고 있을걸?
"제기랄~ 뭐 이런 경우가 다 있어!!"

Inside every mature person is an immature person shouting:
'What the hell happened?

One of the good things about getting older is that you find
you're more interesting than most of the people you meet.

나이 드니까 좋은 점 하나는
내가 다른 사람들보다
신나는 경험을 훨씬 많이 해 봤더란 거지.

리 마빈(1924 ~ 1987) 미국 영화배우, 캣벌루(1965) 출연, 아카데미 남우주연상 수상

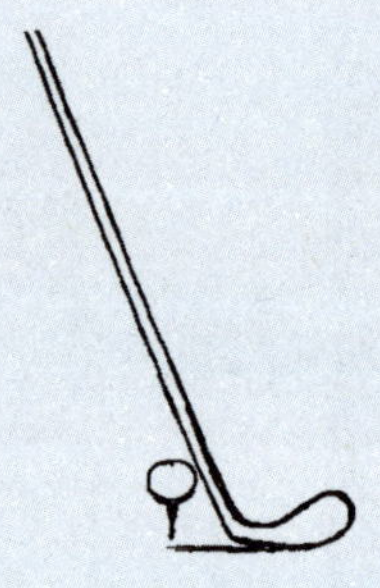

If only we were all··· as gifted,
talented and as good looking as you.

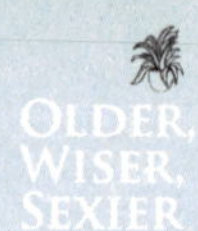

Don't let ageing get you down. It's too hard to get back up.

흘러가는 세월에 너무 빠져있지는 마.
밖으로 나오기가 힘들거든.

존 와그너(1949 ~ 현재) 미국 작가

I have the body of an 18-year-old. I keep it in the fridge.

내 몸은 18살 때 몸매 그대론데…
도대체 어디로 갔는지 찾을 수가 없네.

스파이크 밀리간(1918 ~ 2002) 영국 코미디언, 작가, 시인, 극작가

가만히 생각해 보면

꼭 세월이 우리를 늙게 한 것만은 아닌 것 같기도 해.

우리가 주말마다 죽자고 마신 술 때문은 아닐까?

On the whole, the years have been kind to us all. It was just
the weekends that did the damage.

They say that age is all in your mind.
The trick is keeping it from creeping down into your body.

나이가 마음 먹기에 달린 거라고?
그럼 세월이 아니고
이놈의 마음이 내 몸을 늙게 하는 거야 지금??

작자미상

Wrinkles should merely indicate where smiles have bee.

주름살은 단지 미소가 지나간 흔적일 뿐이야.

마크 트웨인(1835 ~ 1910) 미국 소설가

나이 드니까 콧물 흘리는 것도 몰라. 휴…

그나마 다른 거 안 흘리는 게 얼마나 다행이야.

As you grow older, your nose drops… thank God nothing else does.

When they tell me I'm too old to do something,
I attempt it immediately.

"너는 그것을 하기에는 너무 늙었어!" 라는 말을 듣는 순간,
나는 그걸 바로 해 본다네.

파블로 피카소(1881 ~ 1973) 스페인 화가, 조각가

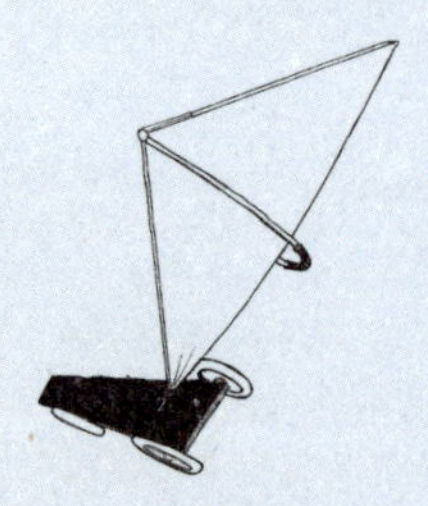

No man is ever old enough to know better.

나이가 많다고 해서, 반드시 더 많이 아는 것은 아니야.

홀브루크 잭슨(1874 ~ 1948) 영국작가, 저널리스트

늙었다고 느끼는 건,
겁쟁이들이나 하는 거야.
Feeling older… is for sissies.

As you get older three things happen. The first is
your memory goes, and I can't remember the other two…

나이가 들면 세가지 증상이 나타나지.
첫 번째는 기억력이 말도 안되게 떨어 진다는 거야.
두 번째는 말야…
음…
뭐였지?

노먼 위즈덤(1915 ~ 2010) 영국 코미디언, 배우.작곡가

First, you forget names, then you forget faces.
Next, you forget to pull your zipper up and
finally you forget to pull it down.

먼저 이름이 가물가물해 질꺼야. 그리곤 얼굴도 점점 까먹게 되지.
좀 더 지나면 볼 일보고 지퍼 올리는 걸 까먹게 되는데. 놀라긴 아직 일러.
결국엔 지퍼 내리는 것까지도 까먹곤 하거든.

레오 로젠버그(1858 ~1918) 네덜란드 정치인

아냐 아냐~ 난 멋진 문신이 필요한 게 아니라고.

집 주소랑 카드 비빌번호만 좀 새겨줘요.

아! 잊어버릴 뻔 했네. 내 이름도…

No no — I don't want a floral fantasy tattooed up my arm.
I just want my address, my pin numbers, and oh yes — my name.

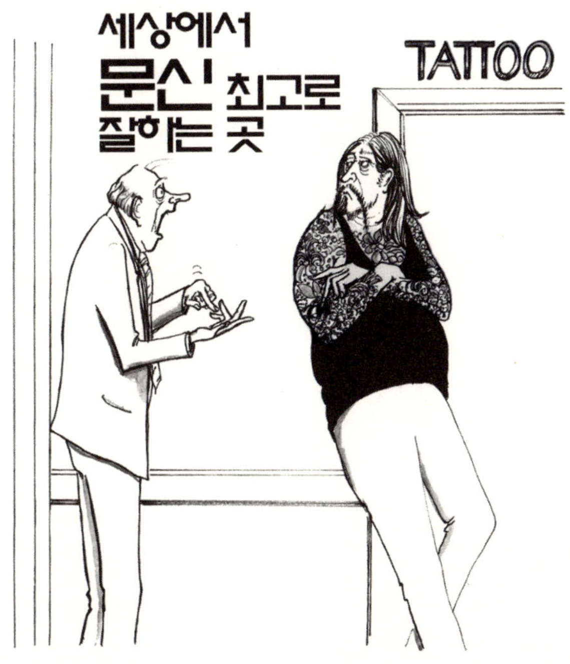

We don't grow older, we grow riper.

늙어가는 게 아니야.
무르익고 있는 거지.

파블로 피카소(1881 ~ 1973) 스페인 화가, 조각가

Live each day as if it were your last,
and garden as though you will live foreve.

하루를 생의 마지막 날인 것처럼 살아야 하지.
그리고 정원을 가꿀 때는,
영원히 살 것처럼 생각해야만 한다네.

작자미상

시들었다고?

아니야! 분 갈이가 필요할 뿐이야.

Growing older? No – you just need re-potting.

Always do sober what you said you'd do when you were drunk.
That will teach you to keep your mouth shut!

술 김에 한 약속들을 다음 날 모두 행동으로 옮겨 봐.
그 후론 조용히 술만 마시게 될걸?

찰스 스크리브너 쥬니어 Ⅳ(1921 ~ 1995) 찰스 스크리브너 쥬니어 출판사 회장

물은 아껴라, 술은 퍼마셔라.

Save water drink wine.

When people tell you how young you look
they are also telling you how old you are.

젊어 보인다고 말을 할 거면
'나이에 비해'란 말은 빼고 하라고!!

캐리 그렌트(1904 ~ 1986) 미국 영화배우

When it comes to staying young,
a mind-lift beats a facelift any day.

젊어 보이려고 애쓰지는 마.
그저 젊게 살면 되는 거야.

마티 부셀라, 미국 만화가

거울을 자세히 봐…

군살 없이 늘씬하고 총기 넘치는 진정한 너의 모습,

이제 보여?

When you look mirror in the, you see…
a very slim and very wise young person.

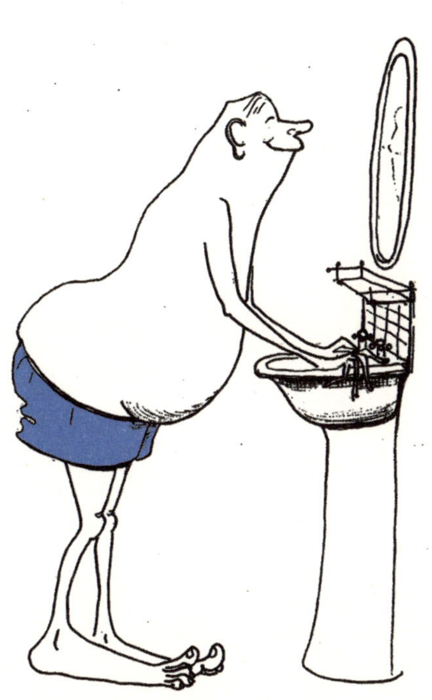

They tell you that you'll lose your mind when you grow older.
What they don't tell you is that you won't miss it very much.

더 늙으면 정신이 오락가락할까 봐 고민하는 거야?
어차피 그 정신에 뭘 알겠어.

말콤 카울리(1898 ~ 1989) 미국 문학평론가.

By the time you're eighty years old you've learned everything.
You only have to remember it.

80세는 분명 현명한 나이야.
그동안 살면서 공부하고 경험하며 얻은 지식들이 상당하거든.
다만, 기억하기 힘들어서 탈이지.

빌 바우한(1915 ~ 1977) 미국 칼럼니스트, 작가

Is it time for your medication, or mine?

You know you've reached middle-age
when your weightlifting consists merely of standing up.

중년이 되니까 하는 운동이라곤
앉아있다 일어나는 게 전부더군.

밥 호프(1903 ~ 2003) 미국 배우

Now I'm over 50 my doctor says I should go out and
get more fresh air and exercise. I said,
'All right, I'll drive the car with window open.

50살이 되니까 의사가 건강을 위해 집에만 있지 말고
밖에 나가 신선한 바람도 쐬고 운동도 좀 하라는 거야.
그래서 난 운전할 땐 꼭 창문을 열어 놓지.

앵거스 워커

더 세게! 더 세게 밟으라고! 전기를 아껴야 한다니까,
당신이 페이스 조절을 못하니까 티브이가 자꾸 꺼지는 거 아냐!

Oh, do pedal faster Daphne! You are saving electricity,
but please pace yourself or the picture flickers.

You can't help getting older, but you don't have to get old.

나이 먹는 건 막을 수 없겠지만,
늙는 건 충분히 막을 수 있거든!!

조지 번즈(1896 ~ 1996) 미국 코미디언, 배우, 작가

When you are dissatisfied and would like to
go back to your youth, think of algebr.

다시 학창 시절로 돌아가고 싶단 생각이 들 때는 말이야.
복잡했던 수학공식들을 떠올려봐.

월 로저스(1879 ~ 1935) 미국 유머작가, 배우

당신과 와인은 참 비슷해…

시간이 흐를수록 더 사랑스러워 지거든.

Both you and the wine improve with age…

and the more you age, the more we love you.

I'd hate to die with a good liver, good kidneys and
a good brain. When I die I want everything
to be knackered.

난 절대 멀쩡한 몸으로 죽진 않을 거야.
평생 몸이 부서지도록 신나게 살 거니까.

해미쉬 임라츠(1940 ~ 1996) 영국 가수

One of the advantages of being 70 is that
you need only 4 hours' sleep.
True, you need it 4 times a day, but still.

늙어서 좋은 점도 있다네.
내가 70이 되니 4시간만 자도 피곤하지 않더라고.
물론 하루에 4번은 자야 한다는 게 흠이긴 하지만 말이야.
머… 그래도…

데니스 노튼(1922 ~ 현재) 영국 코미디 작가

신문을 보니 술이 건강에 안 좋다는 거야.
그래서 결심했어!
신문을 끊기로.

You read about the dangers of alcohol
so you had better give up — reading.

신문을 보니 술이 건강에 안 좋다는 거야.

Old age likes indecency. It's a sign of life.

나이 먹었다고 야한 게 싫으면 그게 남자야?
부끄러워할 것 없어.
그게 살아있다는 증거니까!

메이슨 쿨리(1927 ~ 2022) 미국 작가

때론 양념같은 인생도 나쁘진 않지.

I love a man with a bit of··· spice in his life.

Never be afraid to try something new.

새로운 것에 대한 도전을 망설이지마.
어차피 삶은 모험이야!

밥 호프(1903 ~ 2003) 미국 배우

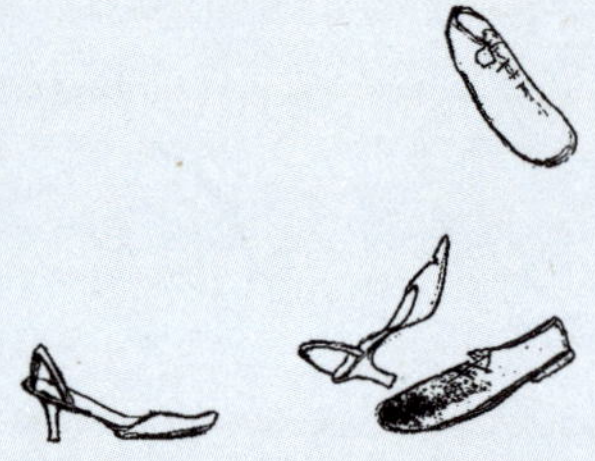

And in the end,
it's not the years in your life that count.
It's the life in your years.

얼마나 살았느냐가 아니라
어떻게 살았느냐가 더 중요한거야.

에이브러햄 링컨(1809 ~ 1865) 제 16대 미국 대통령

순간을 즐기며 살자고,

신나게 춤출 땐 따분한 사람 옆에는 절대 가지 마!

Live for the moment… and never dance with boring people.

- 인물의 생몰년과 직업 등은 역자가 찾아 기록한 것으로 원서에는 나와 있지 않습니다.
- 번역은 책의 특수한 유머 코드를 살리기 위해 한국적인 상황에 맞춘 구어체로 표기되었으며,
  일부 맞춤법표기에 어긋나는 것이 있을 수 있습니다.
- 사람 이름은 별도 영문표기를 하지 않았습니다. 꼭 필요하신 분은 출판사 편집부로 문의바랍니다.
- 원서는 남자와 여자편이 별도로 되어 있으나, 한글판에서는 합본하여 발행하였습니다.

나이에 대한 도도하고 발칙한 상상

Older, Wiser, Sexier

지은이   베브 윌리암스(successful greeting card artist)
옮긴이   김희정(successful wry smiles maker)

김희창이 이 책의 기획과 진행을 도와주었으며, 노영현이 디자인, 장인형이 편집, 박황순이 인쇄, 정우석이 출력, 이병로가 종이 공급, 이문성이 판권 중계 등에 참여하였습니다. 기타 이 책의 성공적인 발행을 위해 도움을 주신 모든 분들께 감사드립니다. 틔움출판의 발행인은 장인형입니다.

초판 1쇄 인쇄 2012년 5월 15일
초판 1쇄 발행 2012년 6월 4일

펴낸 곳   틔움출판
출판등록   제313-2010-141호
주소   서울특별시 마포구 서교동 441-13 호원빌딩 4층
전화   02-6409-9585
팩스   0505-508-0248
홈페이지   www.tiumbooks.com

ISBN 978-89-964965-8-8 13300
이 도서의 국립중앙도서관 출판시도서목록(CIP)은 e-CIP홈페이지(http://www.nl.go.kr/ecip)와 국가자료공동목록시스템(http://www.nl.go.kr/kolisnet)에서 이용하실 수 있습니다.(CIP제어번호: CIP2012002223)